*Theaterwerkstatt ZITRONENGELB 2016/17
des Theaterpädagogischen Zentrums Brixen*

Ohne euch wäre das Stück nicht entstanden!

Thomas Troi

Jagos Spiel

Ein Jugendtheater des

Theater.Pädagogisches.Zentrum
theater & film

© 2018 Thomas Troi

Verlag: tredition GmbH, Hamburg

978-3-7469-3667-3 (Paperback)
978-3-7469-3668-0 (Hardcover)
978-3-7469-3669-7 (e-Book)

Das Werk, einschließlich seiner Teile, ist urheberrechtlich geschützt. Jede Verwertung ist ohne Zustimmung des Verlages und des Autors unzulässig. Dies gilt insbesondere für die elektronische oder sonstige Vervielfältigung, Übersetzung, Verbreitung und öffentliche Zugänglichmachung sowie für die Aufführung.

Informationen zum Projekt:

```
Text:    Thomas Troi

Dauer:   ca. 60 Minuten
Rollen:  8 (erweiterbar)
```

Das Stück wurde im Februar 2017 im TPZ Brixen mit der Theaterwerkstatt ZITRONENGELB des TPZ Brixen (Alter zwischen 15 und 19 Jahren) uraufgeführt.

Regie: Thomas Troi

Aufführungslink https://youtu.be/XRpXHQ0y7dk

Vorbemerkungen:

Eine Jugendtheatergruppe trifft sich zu einem zweitägigen Intensivworkshop. Die Jugendlichen wollen Macbeth auf die Bühne bringen. Der erwachsene Regisseur fällt aus, einer aus der Gruppe soll übernehmen. Alle scheinen zufrieden, doch in Jago beginnt der Neid zu brodeln, weil er sich übergangen fühlt. Er spinnt ein Netz aus Lügen und Intrigen, das in einem Blutbad endet.

Kostüme:
Die Spieler sind modern und jugendlich gekleidet.

Die Bühne:
Ort des Geschehens ist ein Chill-Raum neben dem eigentlichen (fiktiven) Probenraum. Die Spieler kommen immer wieder hierher, um sich auszurasten, Kostüme zu holen oder Besprechungen abzuhalten. Stühle, Kleiderständer, ein Podest. Den hinteren Teil der Bühne sollte ein Vorhang oder Paravent abgrenzen.

Die Rollen:
5 männlich, 4 weiblich

Jago
Othellos Freund – ist der Meinung, dass er die Hauptrolle spielen sollte

Othello
wird zum Regisseur auserkoren, sein Problem: Eifersucht

Desdemona
Othellos Freundin, sie liebt ihn und würde ihn nie betrügen

Cassio
wird mit der Hauptrolle beglückt, ist aber mit der ganzen Situation überfordert und wird zum Spielball Jagos und Othellos

Lodovica
die Tochter des eigentlichen Regisseurs und der organisatorische Kopf der Gruppe

Montano
Mitspieler, fällt durch unangemessene Bemerkungen auf, „Narr"

Rodrigo
liebt Desdemona, hat aber keine Chance, wird von Jago als Werkzeug für seine Zwecke benutzt

Emilia
Freundin von Desdemona, Ex von Jago, sie durchschaut ihn, kann aber die Katastrophe nicht verhindern

Bianca
hat eine Auge auf Cassio geworfen, die Liebe bleibt aber unerwidert

1. AKT   1. SZENE

ALLE

Stühle, ein Kleiderständer mit Kostümteilen, eine Requisitenkiste, eine Kiste mit Obst, Wasserkrug mit Gläsern und ein Paravent stehen herum.
Hinten hängt ein Schild mit der Aufschrift „Macbeth, yes, we can".

Musik.

Die Gruppe tritt lärmend auf.
Lodovica verschafft sich Gehör. Die anderen gruppieren sich um sie herum.

LODOVICA
Okay, haltet mal die Klappe und hört mir zu. Ich habe eine gute und eine schlechte Nachricht. Was wollt ihr zuerst hören?

MONTANO
Ich wüsste einen Witz. Warum sind Blondinen...

OTHELLO
Schnauze, Montano. Komm, sag die Schlechte zuerst, Lodovica.

LODOVICA
Mein Vater übernimmt nicht die Regie. Wir stehen ohne Regisseur da. Ich habe versucht, ihn umzustimmen, aber keine Chance. Er kann nicht. Terminkollision.

Allgemeine Enttäuschung. Lodovica muss für Ruhe sorgen.

LODOVICA
Beruhigt euch. Die gute Nachricht ist: Unsere Theatergruppe wird Macbeth spielen. Jemand anderes wird inszenieren. Mein Vater hat mir nämlich einen Alternativvorschlag gemacht. Ihr müsst halt auch dafür sein.

EMILIA
Wer ist es?

LODOVICA
Er hat Folgendes vorgeschlagen: Da wir eine erfahrene Truppe sind und er sich auf uns verlässt, können wir - wie ausgemacht - an diesem Wochenende mit unserem Intensivworkshop das Theaterprojekt beginnen. Die Regie wird dabei einer von uns übernehmen.

BIANCA
Einer von uns? Wer soll das sein? Das ist doch bescheuert.

LODOVICA
Ist es nicht. Mein Vater hat mit ihm schon geredet und er ist vorbereitet. Othello wird die Regie übernehmen, wenn ihr das auch wollt.

Allgemeine Überraschung.

OTHELLO
He, Leute, ich habe ein Konzept, ich habe die Power und ich habe euch. Wir schaffen das. Wir bringen Macbeth

auf die Bühne. Und dieses Wochenende wird das geilste, was ihr euch denken könnt. Also?

BIANCA
Wie stellst du dir das vor? Also ich hätte schon gern jemanden, der das kann. Ich habe keine Lust auf Theaterexperimente.

Alle reden durcheinander. Lodovica sorgt für Ruhe.

LODOVICA
Noch etwas. Wir sind alle spielgeil. Wir wollen spielen. Aber das Beste ist, dass wir die Einnahmen behalten dürfen, abzüglich der Spesen natürlich. Als Entschädigung sozusagen.

MONTANO
Ich bin dafür. Othello macht die Regie und ich brauch Knete.

BIANCA
Halt die Schnauze, Montano. Er hat doch gar nicht die Autorität. Ich möchte schon von jemandem angeleitet werden, der das auch kann.

JAGO
Ich finde Othello ist die beste Wahl. Er hat Ideen, er hat die Ausdauer und er ist unser bester Mann. Und das mein ich ganz ohne Ironie. Ich habe mir schon die ganze Zeit gedacht, da läuft doch was. Oder? Habt ihr nichts gemerkt? Auf alle Fälle, wenn alle dafür sind, kann Othello loslegen. Und noch was Bianca: Was wäre denn die Alternative? Überhaupt nicht spielen? Jeder von uns

ist gespannt, wen er in Macbeth spielen soll. Hast du deine Liste schon beisammen, Othello?

OTHELLO
Habe ich, Jago. Hört genau zu. Lodovica, du spielst Hecate; Bianca, du bist Lady Macduff; Rodrigo, du bekommst die Rolle des Duncan; Emilia, du übernimmst Malcolm; Montano, du bist Macduff; Desdemona, spielt Lady Macbeth und für die Hauptrolle des Macbeth habe ich lange hin- und her überlegt. Wer kann den spielen? Wer hat die Fähigkeiten, diese Rolle zu stemmen? - Das kann nur unser Kollege hier, Cassio.

CASSIO
Jawohl. Ich habe so gehofft. Das wird der Wahnsinn.

Alle applaudieren, Jago langsamer als die anderen.
Cassio umarmt Othello in einem Anflug von Emotion.
Bianca geht enttäuscht ab.

JAGO
Ich geh davon aus, dass ich Banquo spielen darf.

OTHELLO
Exakt, mein Lieber. Banquo ist der treue Freund von Macbeth.

JAGO
Der bald stirbt.

OTHELLO
Ja, das ist halt mal so. Macbeth stirbt auch. Bei Shakespeare sterben alle am Ende. Deswegen sind seine

Stücke auch so geil. Braucht sich keiner für seine miserable Schauspielleistung entschuldigen.

JAGO
Stimmt. Am Ende sterben alle. Einer bleibt aber über. – Na gut. Tolle Wahl, Othello. Wann geht´s los?

OTHELLO
Morgen früh. Und jetzt lasst uns rausgehen. Sind so noch lange genug beim Proben drinnen.

Alle bis auf Jago und Rodrigo ab.

1. AKT   2. SZENE

JAGO, RODRIGO

JAGO
Du spielst also Duncan, Rodrigo. Du überlebst nicht einmal den 2. Akt. Zufrieden?

RODRIGO
Ist schon okay. Dann habe ich wenigstens am Anfang ein paar Szenen mit Desdemona. Vielleicht komm ich so an sie ran.

JAGO
Aha, du hast es auf unsere schöne Desdemona abgesehen. Wieso sprichst du sie nicht an? Bist ja nicht aus schlechtem Haus.

RODRIGO
Sie ist ja nie allein. Aber vielleicht geht´s vor den Proben. Cassio hat´s gut. Der kann die ganze Zeit mit ihr spielen.

JAGO
Cassio. Er ist als Letzter in die Gruppe gekommen. Weißt du, wie lange ich schon spiele? 13 Jahre. Jedes Jahr war ich dabei. Und wen sucht dieser Wichser von Othello für die Hauptrolle aus? Cassio. Diese Missgeburt.

RODRIGO
Cassio kann ja nichts dafür, wenn ihm Othello die Hauptrolle gibt.

Hast nicht du gesagt, Othello ist unser bester Mann? Ja, was denn nun?

JAGO
Er ist ja auch unser bester Mann. Ich trau ihm den Job auch zu. Aber er hätte wissen können, dass ich Cassio hundertmal überlegen bin. Ich würde Macbeth nicht spielen, ich würde Macbeth sein. Verstehst du? Othello kam vor zwei Jahren in die Gruppe, ist dem Vater von Lodovica so weit in den Arsch gekrochen, dass er beim Mund wieder rausgeschleimt ist. Wobei ich ihn in die Gruppe geholt habe. Du bist doch auch schon x Jahre dabei. Wofür hats gereicht? Kleinste Nebenrollen.

RODRIGO
Du hasst ihn?

JAGO
Hassen? Ich hasse ihn doch nicht. Nein, ich schätze ihn. So wie ich Durchfall schätze und schlechte Noten. Ich schätze ihn wie Kopfschmerzen, die mir das Hirn zerreißen, Rodrigo. Othello ist unser bester Mann. Merk dir das, Rodrigo, unser bester Mann. Und dass er Cassio mir vorgezogen hat, das wird er büßen. Und das, mein lieber Rodrigo ist ein Versprechen.

Jago will abgehen, überlegt es sich aber und geht hinter den Paravent.

1. AKT   3. SZENE

RODRIGO, DESDEMONA, JAGO

Rodrigo isst einen Apfel.
Desdemona tritt auf, schnappt sich ein Kostümteil.

DESDEMONA
Rodrigo, kommst du nicht raus?

RODRIGO
Doch, doch. Äh..., Desdemona, ich...äh.

DESDEMONA
Ja?

RODRIGO
Hm, wie geht´s?

DESDEMONA
Gut? Brauchst du was?

RODRIGO
Naja, ich wollte mit dir reden. Ich...

DESDEMONA
Ich geh zu den anderen.

RODRIGO
Nein, warte. Ich find es super, dass du Lady Macbeth spielst. Die habe ich mir immer so vorgestellt. Naja, so wie du.

DESDEMONA
Lady Macbeth begeht Selbstmord!

RODRIGO
Ja, klar, natürlich. Ich meinte eigentlich...

DESDEMONA
Ich habe Hunger.

Desdemona will gehen. Rodrigo hält sie auf.
Jago beobachtet sie von seinem Versteck aus.

RODRIGO
Bleib noch. Ähm...magst du mich eigentlich?

DESDEMONA
Bitte? Was soll das werden?

RODRIGO
Könnten wir nicht... ich mein...

DESDEMONA
Wir spielen in derselben Theatergruppe. Reicht das nicht? Also, mir reicht das. Und für mehr... Nein. Wir sehen uns.

RODRIGO
Warte. Ich mag dich, seit du in der Gruppe bist. Du bist so... Naja... Ich glaube, ich bin total verknallt.

DESDEMONA
Rodrigo, bitte hör auf. Ich habe schon jemanden. Komm, mach´s nicht so peinlich.

Desdemona ab.

1. AKT 4. SZENE

JAGO UND RODRIGO
später LODOVICA

JAGO
Das war wohl nichts. Klassisch verschissen.

RODRIGO
Scheiße. Die kann ich vergessen.

JAGO
Aber, aber. Du musst es nur richtig anstellen. Komm mal her. Frauen wissen oft nicht, wer ihnen guttut. Du musst jetzt dranbleiben. In der Nähe sein. Ich kann dir unter Umständen helfen. Lodovica ist die Kusine von Desdemona. Ich werde mit ihr reden. Ein bisschen vorfühlen, den Weg ebnen. Aber eine Sache sollte ich dir noch sagen.

RODRIGO
Was?

Lodovica kommt telefonierend herein und holt sich ein Kostümteil.

LODOVICA
Ja, wir sind mitten in der Arbeit. Schaut gut aus. Stimmung ist super... Du kennst ihn doch. Natürlich wird er akzeptiert. Othello schafft das, ganz bestimmt. Wenn du dir jetzt Sorgen machst, hättest du das Projekt halt selber machen müssen. Du hast gesagt, du kannst

nicht und das ist halt jetzt die Konsequenz. Papa, wir sind alt genug. Ich schau drauf, dass alles klappt.

Lodovica ab.

JAGO
Othello und Desdemona...das wirst du doch gemerkt haben...die sind...so.

Zeigt gestisch, dass die beiden zusammen sind.

RODRIGO
Häh? Othello? Das haben sie aber gut versteckt. Ich hatte keine Ahnung. Okay. Erledigt. Gegen Othello habe ich doch keine Chance. Die Sau.

JAGO
Ganz und gar nicht, Rodrigo. Überhaupt nicht. Deine Chancen sind größer, als du denkst. Hör mir zu. Lodovicas Vater hasst es, wenn innerhalb der Theatergruppe so Affären entstehen. Der kann das auf den Tod nicht ausstehen. Das behindert die Kreativität, sagt er. Hör mir zu: Du holst jetzt Lodovica her und wir stecken ihr die Geschichte zwischen Othello und Desdemona. Sie ist das Sprachrohr von ihrem Vater. Was er sagt ist für sie Gesetz. Othello bekommt ordentlich Schwierigkeiten und muss Desdemona wieder lassen. Und du bist wieder im Spiel. Los, geh sie holen.

Rodrigo ab.

1. AKT   5. SZENE

JAGO, RODRIGO, LODOVICA,
später OTHELLO, DESDEMONA, CASSIO, MONTANO

Jago futtert einen Apfel. Rodrigo und Lodovica treten auf.

LODOVICA
Jago, was ist los? Was ist denn so dringend?

JAGO
Ich kann mich noch gut erinnern, dass dein Vater mich mal ganz ordentlich zusammengestaucht hat, weil ich was mit Emilia hatte. Er wollte mich schon rauswerfen. Ich habe das nicht vergessen.

LODOVICA
Er hat seine Prinzipien. Aber was soll das? Um was geht´s denn jetzt ganz genau?

RODRIGO
Othello und Desdemona sind zusammen.

Othello und Desdemona kommen herein. Übermütig. Cassio und Montano folgen. Jago zieht sich zurück.

RODRIGO
Die sind zusammen. Das dürfen sie nicht.

OTHELLO
Was dürfen wir nicht?

RODRIGO
Rummachen.

LODOVICA
Dazu kann ich was sagen. Mein Vater hat nichts dagegen. Das hat mich zwar auch überrascht. Aber, er verlässt sich auf Othello. Ich denke, das bleibt alles im Rahmen. Othello ist seriös, sagt mein alter Herr.

OTHELLO
Logisch verlässt er sich auf mich. Ich habe hier seinen Job übernommen. Und du Rodrigo hältst deine verdammte Schnauze oder ich schmeiß dich raus. Okay? Desdemona und ich sind zusammen. Aber das wird keinen Einfluss auf die Arbeit haben. Verdammte Scheiße. Wir sind hier um zu arbeiten und das Vergnügen kommt später. Ich kann das klar trennen. Jago, hast du auch ein Problem damit?

DESDEMONA
Rodrigo, wir sind alles Freunde hier. Freuen wir uns doch auf die Probenarbeit.

JAGO
Natürlich freuen wir uns auf die Probenarbeit. Wer sagt denn, dass uns das stört. Ich gratuliere herzlich, dass ihr emotional verbunden seid. Kommt jetzt, wir entspannen und machen uns einen schönen feuchten Abend.

Alle ab. Musik.

2. AKT   1. SZENE

*JAGO, MONTANO, RODRIGO, CASSIO, BIANCA
später OTHELLO, DESDEMONA, LODOVICA, EMILIA*

Jago, Montano, Rodrigo, Cassio und Bianca treten auf.

CASSIO
Nein, bitte nicht. Ich vertrag es nicht. Ich trink nichts mehr.

JAGO
Wir feiern auf deine Hauptrolle, Macbeth. Schotten sind trinkfest. Komm schon.

BIANCA
Er hat wirklich schon genug gehabt. Lass ihn, Jago. Cassio, es reicht jetzt.

JAGO
Bianca, sei keine Spielverderberin. Das hält er schon aus. Gell, Cassio?

*Jago drückt ihm die Flasche in die Hand, schaut zu, wie Cassio widerwillig trinkt.
Er selbst hebt die Flasche nur an, trinkt aber nicht.
Montano ist übermütig.
Rodrigo hängt herum.*

CASSIO
Scheiße, mir ist ganz schwindlig.

Bianca stützt Cassio.

MONTANO
Da kommt eine Blondine und meint: Mich juckt's. Wo denn? Zwischen den beiden großen Zehen.

CASSIO
Bianca, lass mich. Ich brauch keine Mutter. Lass mich, sag ich.

BIANCA
Du Arsch, du kannst mich mal.

Bianca ab.

JAGO
Cassio, bist du bereit? Für den großen Durchbruch? Ein Haufen Mädchen wird dich sehen.

CASSIO
Ja, das wird gewaltig.

JAGO
Auch Desdemona wird dich bewundern.

CASSIO
Tolles Mädchen.

JAGO
Toll? Die hat Feuer.

CASSIO
Sicher. Wer möchte die nicht?

JAGO
Sie hat was Verführerisches.

MONTANO
Eine andere Blondine kratzt am Computerbildschirm herum. Plötzlich schreit sie: Wo ist der Tipp-Ex? Rechtschreibfehler.

CASSIO
Sie ist total integer. Sagt man das so? Integer? Scheiße, mir dreht sich alles.

Jago geht zu Rodrigo und flüstert ihm ins Ohr.
Rodrigo steht auf, pflanzt sich vor Cassio hin.

RODRIGO
Sie pennt mit Othello. Das ist wahrlich in-teger.

CASSIO
Rodrigo, sie ist auf Zack. Sag du ja nichts über Desdemona.

RODRIGO
Und du bist besoffen, du Penner.

CASSIO
Ich kann noch gerade stehen und pissen kann ich auch.

Cassio geht ab, Jago winkt Rodrigo Cassio zu folgen. Rodrigo geht ab.

MONTANO
Scheint nicht viel zu vertragen.

JAGO
Das ist eine traurige Geschichte. Er kann nicht schlafen, bevor er nicht vollkommen zugedröhnt ist.

MONTANO
Das wusste ich gar nicht. Glaubst du er schafft es die Rolle zu spielen?

JAGO
Ich habe da meine Zweifel.

Geschrei hinter der Bühne.
Cassio verfolgt Rodrigo. Sie stürzen herein. Cassio packt Rodrigo. Sie beginnen zu raufen. Montano geht dazwischen und bekommt von Cassio eine verpasst. Er stürzt zu Boden, steht wieder auf und rauft mit Cassio. Jago versucht alle zu beruhigen.
Rodrigo geht schnell ab.
Othello tritt auf.

OTHELLO
Hört auf! Was soll das hier? Seid ihr verrückt geworden?

MONTANO
Cassio hat mich grundlos geschlagen.

OTHELLO
Wer hat angefangen? Cassio, bist du betrunken?

JAGO
Beruhigt euch. Ich kann alles erklären. Ich will nichts gegen Cassio sagen, der mein Freund ist und den ich über alles schätze, aber es hat sich so zugetragen: Ich quatsche gemütlich mit Montano, als plötzlich Cassio hereinrennt und sich auf Montano stürzt und ihm eine reinhaut. Wir sind alles Menschen und jeder kann mal einen Fehler machen. Montano ist zwar klein, aber er

hält schon was aus. Im Grunde ist ja fast nichts passiert, Othello.

OTHELLO
Jago, ich weiß, du suchst immer das Beste im Menschen, und du Cassio, du weißt, dass ich dir vertraue, aber mit so einem Verhalten will ich nichts zu tun haben. Du spielst nicht mehr den Macbeth, du kannst das Licht schieben. Und wenn das noch einmal vorkommt, fliegst du aus der Gruppe. Ich übernehme die Rolle des Macbeth. Muss ich denn alles selbst tun?

Desdemona, Lodovica, Emilia und Bianca treten auf.

DESDEMONA
Was gibt´s hier?

OTHELLO
Es ist alles gut. Mach dir keine Sorgen. Cassio übernimmt ab heute das Licht.

LODOVICA
Muss ich meinen Vater anrufen? Othello?

OTHELLO
Nein. Das passt schon. Ich erzähl dir später. Gute Nacht.

Alle ab bis auf Jago und Cassio.

2. AKT 2.SZENE

JAGO, CASSIO
später LODOVICA, RODRIGO

JAGO
Wie geht´s?

CASSIO
Wie soll´s mir schon gehen? Scheiße. Scheiße. Scheiße. Ich bin erledigt.

JAGO
Nun warte mal. Einmal über den Durst trinken ist noch kein Beinbruch.

CASSIO
Wenn das meine Eltern erfahren, ist es aus. Dann kann ich alles streichen. Weißt du wie ich gebettelt habe, um hier mitspielen zu dürfen. Die Abwesenheiten in der Schule, meine Eltern haben mir so einen Kopf gemacht, was weiß ich, was ich denen alles versprechen musste, nur um hier dabei zu sein. Scheiße.

JAGO
Komm, komm, du kennst Othello. Er meint es doch nicht so. Er ist impulsiv, das schon.

CASSIO
Scheiß Alk. Keine Ahnung was passiert ist. Da war doch noch jemand.

JAGO
Nein. Da war nur Montano, den du so angegangen bist. Er ist ja auch ein schrecklicher Kerl. Geht allen die ganze Zeit auf den Geist. Aber wir können Othello noch umstimmen. Jeder darf einen Fehler machen. Ich vertraue dir, und du kannst mir vertrauen. Ich sage dir, geh zu Desdemona und bitte sie ein gutes Wort für dich bei Othello einzulegen. Er kann ihr nicht widerstehen. Komm, das wird schon wieder.

CASSIO
Sicher?

JAGO
Sehe ich aus, wie einer der lügt?

CASSIO
Nein, Jago, du bist...ein echter Freund. Ich danke dir.

Cassio umarmt Jago.
Lodovica kommt herein, stutzt.
Cassio löst sich aus der Umarmung.

JAGO
Hau dich in deinen Schlafsack. Morgen sieht alles ganz anders aus.

Cassio betrübt ab.
Jago schaut ihm lange nach.

LODOVICA
Kuschelt ihr häufiger? Das hätte ich mir jetzt nicht gedacht.

JAGO
Cassio leidet gewaltig. Er hat es ja auch nicht leicht mit seiner Sucht.

LODOVICA
Hat er Probleme mit Alkohol? Seit wann denn? Ich dachte, das war das erste Mal, dass er betrunken war.

JAGO
Nichts worüber wir uns Sorgen machen müssen. Zumindest nicht große Sorgen.

LODOVICA
Ich finde Othellos Reaktion ja überzogen. Jago, rede du mal mit Othello. So von Mann zu Mann. Ihr seid ja Kumpels. Du musst Cassio helfen, hm?

JAGO
Natürlich, Lodovica, ich werde mein Bestes geben.

Lodovica ab.
Jago wendet sich ans Publikum.

JAGO
Mein Rat ist aufrichtig. Denn sehr leicht wird Desdemonas mildes Herz bewegt für eine gute Sache. Bin ich denn ein schlechter Mensch? Wenn Cassio auf Desdemona trifft, wird er sie bitten, sie wird ihm beistehen und auf Othello einwirken und was fehlt noch? Genau, ich träufel den Gifttrank der Eifersucht in sein Ohr.

Rodrigo tritt auf.

JAGO
Nun, Rodrigo?

RODRIGO
Haben wir was erreicht, außer, dass ich Schläge bekommen habe? Ich lass es. Desdemona ist vergeben und der Rest ist doch auch daneben.

JAGO
Geduld, mein Freund. Cassio hat dich geschlagen, aber alle denken nur an Montano. Den Cassio kassierst du ein und Othello sowieso. Wirst sehen. Vertrau mir. Du vertraust mir doch?

RODRIGO
Jago, ich vertrau dir, ja. Wie geht´s jetzt weiter?

JAGO
Ein neuer Tag bringt neue Abenteuer.

Beide ab. Black.
Musik.

2. AKT   3. SZENE

CASSIO, EMILIA, DESDEMONA
später JAGO, OTHELLO

Cassio allein im Raum. Unruhig, verzweifelt.
Emilia und Desdemona treten auf.
Cassio stürzt ihnen entgegen.

CASSIO
Desdemona, hilf mir, bitte. Du musst mit Othello sprechen. Es tut mir so leid. Ich wollte das wirklich nicht.

DESDEMONA
Natürlich helf ich gern. Wahrscheinlich hat er es eh schon wieder vergessen. Er braust schnell auf, aber er kühlt auch wieder ab.

EMILIA
Ich habe Jago gesehen, wie er mit Othello gesprochen hat. Auf Jago wird er hören. Jago leidet auch unter der Situation. Er hasst solche Konflikte.

DESDEMONA
Jago ist ein ehrlicher Typ. Cassio, ich tu alles in meiner Macht stehende, damit du deine Rolle zurückbekommst.

Othello und Jago kommen herein, als Desdemona Cassio am Arm freundschaftlich berührt. Jago bemerkt es sofort, Othello ist mit seiner Gitarre beschäftigt.
Cassio ab.

JAGO

Das gefällt mir nicht.

OTHELLO
Was sagst du?

JAGO
Ich weiß nicht, aber…das ist schon komisch.

OTHELLO
Cassio ist raus, wie wir hereingekommen sind. Oder?

JAGO
Eben. Cassio. Mich wundert's, dass er so schnell abhaut, wenn er dich sieht.

DESDEMONA
Othello, Cassio hat mich gebeten ein gutes Wort für ihn einzulegen. Bitte mach deine Entscheidung rückgängig. Er leidet gewaltig.

OTHELLO
Ich überleg's mir noch mal. Dir zuliebe.

DESDEMONA
Mach´s jetzt, komm. Du musst dich nicht mit der Regie und der Hauptrolle übernehmen. Lass ihn spielen. Bitte.

OTHELLO
Wie gesagt. Ich überlege noch. Ich kann niemanden brauchen, der in die Gruppe Konflikte bringt. Zumindest bei Montano soll er sich entschuldigen, dann sehen wir weiter. Lasst mich jetzt allein, wir treffen uns dann bei der Probe.

Alle bis auf Jago und Othello ab.

OTHELLO
Tolles Mädchen. Oder, Jago?

JAGO
Absolut. Hat Cassio eigentlich gewusst, dass ihr beide…ich mein…zusammen seid?

OTHELLO
Von Anfang an. Ich mein, ihr habt es doch alle gewusst. Wo liegt das Problem?

JAGO
Nur Neugierde.

OTHELLO
Warum die Neugierde, Jago?

JAGO
Ach nichts.

Bianca tritt auf.
Sie sucht nach Requisiten.
Othello zieht Jago nach vorne. Er will nicht, dass Bianca mithört.

OTHELLO
Was denn jetzt? Was ist mit Cassio? Ist er nicht ehrlich? Er hat Scheiß gebaut und dafür soll er büßen.

JAGO
Ehrlich?

OTHELLO
Was denkst du, Jago?

JAGO
Denken?

OTHELLO
Rück endlich raus mit der Sprache, verdammt. Eben sagtest du: das gefällt mir nicht. Und dann: hat Cassio gewusst? Was ist los? Rede!

JAGO
Okay. Zuerst: Ich halte Cassio für einen ehrlichen Burschen. Bisschen tollpatschig, aber ehrlich. Aber...

OTHELLO
Aber was? Du machst mich wahnsinnig. Bianca, was suchst du denn? Brauchst du was?

BIANCA
Schon gefunden.

Bianca ab.

JAGO
Eifersucht, Othello, ist ein übles Scheusal. Wer liebt, aber argwöhnisch vergöttert, hat ein Problem. Nimm dich in Acht vor der Eifersucht. Und in Bezug auf Cassio muss ich halt sagen, dass sein Ausrutscher gestern sicher nur ein Ausrutscher war, trotzdem achte mal darauf wie er Desdemona anschaut.

OTHELLO

Desdemona hält zu mir. Sie ist loyal und treu.

JAGO
Natürlich ist sie das. Und ich möchte mich auch nicht irren. Hoffen wir´s also.

OTHELLO
Hoffen, Jago? Hoffen?

JAGO
Vergiss was ich gesagt habe. Nur ein Tipp: lass Cassio noch ein wenig zappeln, dann können wir schauen wie er sich verhält. Obgleich ich denke, dass er absolut vertrauenswürdig und ehrlich ist.

OTHELLO
Okay. Gut. Wir werden sehen.

Jago ab.
Othello spielt auf der Gitarre.
Desdemona und Emilia treten auf. Sie hören ihm zu, Desdemona nimmt ihr Tuch und putzt Othello gespielt dramatisch über die Stirn. Othello springt auf, packt Desdemona und dreht sie im Kreis. Sie verliert das Tuch. Beide ab.
Emilia entdeckt das Tuch, hebt es auf.

2. AKT   3. SZENE

EMILIA, JAGO
später OTHELLO

Emilia hält das Tuch in der Hand. Jago kommt herein.

JAGO
Was machst du hier allein? Keine Probe?

EMILIA
Später. Du redest nicht mehr mit mir. Weichst aus. Warum?

JAGO
Wer weiß. Ich möchte dir nicht schaden. Was ist das?

EMILIA
Desdemonas Tuch. Othello hat es ihr geschenkt.

JAGO
Hast du´s gestohlen?

EMILIA
Sie hat´s verloren und ich hab´s aufgehoben.

JAGO
Super. Gib´s mir.

EMILIA
Was fängst du mit so einem Tuch an?

Jago reißt es ihr aus der Hand.

JAGO
Nichts worum du dich kümmern musst.

EMILIA
Du gibst es ihr zurück, oder?

JAGO
Natürlich. Was sollte ich denn schon mit einem Tuch anfangen? Hm? Ich möchte ihr gern eine Überraschung machen. Also kein Wort zu ihr. Hast du verstanden? Auch wenn sie es suchen sollte. Du weißt - ...von nichts. Komm, schau nicht so. Ich stell schon nichts an. Ich denke du bist jetzt dran. Schöne Probe.

Emilia geht ab.
Jago untersucht das Tuch.
Wendet sich ans Publikum.

JAGO
Ich will bei Cassio ganz zufällig das Tuch verlieren. Steck´s ihm in den Schlafsack. Othello wird´s dann erfahren und das Gift der Eifersucht breitet sich aus. Wunderbar.

Othello tritt auf. Aufgewühlt.

OTHELLO
Treulos. Mir. Scheiße.

JAGO
Othello, jetzt mach mal halblang. Das kann man ja nicht mit anschauen.

OTHELLO
Sei still. Du hast mir gesagt, sie betrügt mich.

JAGO
Moment. Nichts dergleichen, habe ich gesagt.
Ich habe nur gesagt, dass es die Möglichkeit gibt. Ich habe doch auch keine Beweise.

OTHELLO
Ich will Beweise, Jago. Schaff mir Beweise. Beweis mir, dass sie mich betrügt. Oder du sollst es büßen.
Wenn du sie verleumdest, dann Gnade dir Gott. Ich erwürg dich eigenhändig.

JAGO
Ja spinnst du total? Hast du deinen Verstand an der Garderobe abgegeben? Jetzt bin ich der Idiot, nur weil ich ehrlich und anständig bin.
Danke, Freund, das merk ich mir. Adieu.

OTHELLO
Nein, bleib. Ich bin fix und fertig. Ich denk, sie ist treu und ist es vielleicht nicht. Mich zerreißt der Zweifel. Wäre ich doch überzeugt von ihrer Unschuld.

JAGO
Du willst überzeugt sein?

OTHELLO
Ja, ich will.

JAGO
Wie überzeugt willst du denn sein? Wie offen soll das sein? Wie sie übereinanderliegen? Mit Gestöhn?

Othello brüllt auf.

JAGO
Schwierig, schwierig. Ich hasse das. Aber da ich mit meiner Redlichkeit schon so weit gegangen bin, muss ich wohl oder übel... Gestern Nacht hat er neben mir geschlafen. Ich konnte nicht, weil mich die ganze Affäre wachgehalten hat. Du weißt, ich bin sensibel. Und Cassio hat geträumt. Und er träumt laut. Im Schlaf seufzt er: Desdemona, Desdeeeeeemona. Sei achtsam, unsere Liebe sei geheim. Und er ergriff meine Hand und drückte sie. Rief: "Süßes Kind" und küsste meine Hand. Ehrlich wahr. Absolut gruselig. Und dann sagte er noch: Othello hat keinen Schwanz. Keinen Schwanz. Schwanzloser Lurch.

Othello bricht zusammen und heult wie ein Schlosshund.

JAGO
Es war nur ein Traum. Und die sind zu 99% falsch.

OTHELLO
Ich bring sie um.

JAGO
Nein. Beruhig dich, verdammt. Wir brauchen festere Beweise. Sie hat doch so ein Tuch.

OTHELLO
Das Tuch habe ich ihr geschenkt. Mein erstes Geschenk. Als Liebesbeweis.

JAGO
Das wusste ich nicht. Ich habe nur Cassio gesehen, der sich damit seinen Rotz abgewischt hat.

OTHELLO
Sag, dass es nicht wahr ist. Jago, sag, dass es nicht wahr ist. Bitte.

JAGO
Ruhig Othello. Vielleicht ändert sie noch ihren Sinn.

OTHELLO
Ich bring sie um. Und ihn auch. Ich will sie beide tot sehen.

JAGO
Langsam. Langsam und mit Bedacht gehen wir jetzt vor.

Black. Musik.

3. AKT   1. SZENE

```
MONTANO, EMILIA, DESDEMONA, OTHELLO
     später CASSIO und JAGO, BIANCA
```

Desdemona sucht ihr Tuch.

MONTANO
Wer sucht der findet, wer findet, hat gesucht und wer suchend findet ist ein findender Sucher. Desdemona sucht und findet...nicht. Weil sie blond ist.

DESDEMONA
Halt die Klappe. Ich muss hier irgendwo mein Tuch liegen lassen haben. Emilia, hast du es gesehen?

EMILIA
Nein, habe ich nicht. Ist es so wichtig?

DESDEMONA
Ja, schon. Wenn Othello nicht so großmütig wäre und frei von Eifersucht, könnte er es missverstehen, wenn ich sein Tuch nicht mehr habe. Es war sein erstes Geschenk.

EMILIA
Kennt er keine Eifersucht?

DESDEMONA
Überhaupt nicht. Gottseidank. Das beste Mittel gegen Eifersucht ist der Blick in die Augen des Geliebten.

Othello tritt auf.

OTHELLO
Hier bist du.

DESDEMONA
Wie ist es nun mit dem Versprechen?

OTHELLO
Welches Versprechen?

DESDEMONA
Du wolltest Cassio verzeihen.

OTHELLO
Meine Nase rinnt. Leih mir dein Taschentuch.

DESDEMONA
Ich habe es nicht bei mir.

OTHELLO
Nicht?

DESDEMONA
Wirklich nicht.

OTHELLO
Das ist nicht gut.
Du weißt, dieses Tuch bekam ich von meiner Urgroßmutter und sie sagte mir, solange man es hat bindet es dich an den Geliebten.

DESDEMONA
Das wusste ich nicht und es tut mir auch sehr leid. Ich werde es schon finden. Es war hier, als ich es verlor.

OTHELLO
Ist es fort? Verloren? Sprich!

DESDEMONA
Schrei mich nicht an. Es ist nicht verloren, aber wenn es so wäre?

OTHELLO
Zeig´s mir! Zeig mir das Tuch!

DESDEMONA
Mit diesem Kunstgriff weichst du mir nicht aus. Cassio bekommt wieder seine Rolle. Du hast es versprochen.

OTHELLO
Das Tuch!

DESDEMONA
Er ist dein Freund, Othello.

OTHELLO
Das Tuch, Desdemona!

DESDEMONA
Mach dich nicht lächerlich.

MONTANO
Der Eifersüchtige glaubt allen Verleumdungen, nur nicht der Treue der Geliebten.

Othello geht zu Montano und wirft ihn durch den Raum. Dann geht er wütend ab.

EMILIA
Ist er eifersüchtig?

DESDEMONA
So habe ich ihn noch nie gesehen.

Jago und Cassio treten auf.

JAGO
Los frag sie noch mal. Und sei nett zu ihr.

CASSIO
Desdemona, hast du mit ihm geredet? Was sagt er? Bitte, es war kein Vorsatz. Montano, bitte entschuldige. Es wird nie wieder vorkommen.

MONTANO
Wenn Fliegen hinter Fliegen fliegen, fliegen Fliegen hinter Fliegen. Oder anders gesagt: Ich verzeihe dir großmütig. Aber Othello hat einen Sprung in der Schüssel.

JAGO
Ich geh mit ihm reden. Das ist ja kein Zustand hier.

Jago und Montano ab.

DESDEMONA
Cassio, wir bekommen das geregelt, keine Sorge, ich spreche mit Lodovica, im Notfall soll sie ihren Vater anrufen.

CASSIO
Danke, Desdemona.

Desdemona und Emilia ab. Bianca tritt auf.

CASSIO
Bianca. Fertig geprobt?

BIANCA
Mhm. Ich möchte mit dir reden. Du weichst mir in letzter Zeit aus. Ist nicht schön.

CASSIO
Ja, weißt du, ich habe im Moment eher...naja...die Sache mit Othello.

BIANCA
Ich könnte dir helfen, beistehen. Aber du willst ja nicht.

CASSIO
Ach Bianca, reicht es nicht, dass wir Freunde sind, einfach so?

BIANCA
Nein, es reicht nicht.

CASSIO
Schau, ich schenk dir das. Ein altes traditionelles chinesisches Tuch.

Cassio schenkt ihr das Tuch.

BIANCA
Wo hast du das denn gestohlen?

CASSIO
Nicht gestohlen, gefunden. In meinem Schlafsack. Keine Ahnung, wie das dort hingekommen ist.

BIANCA
Ja, schön. Wir beide haben noch nicht fertig miteinander. So einfach geht das nicht.

CASSIO
Ja, schon gut.

Cassio ab. Lodovica tritt telefonierend auf.

LODOVICA
Ja, Papa, alles läuft wunderbar. Du kannst dich auf mich verlassen. Die Fotos für die Plakate werden wir nächste Woche machen. Othello macht das gut...ja...sicher. Er hat uns ganz gut im Griff. Jago? Der spielt Banquo. Nein...überhaupt nicht. Er hat die Besetzung akzeptiert. Du kennst ihn ja. Immer positiv. Ja gut, wir hören uns. Ciao ciao.

BIANCA
Naja, so super läuft es jetzt auch nicht, wenn ich mir den Othello anschaue.

LODOVICA
Kannst du dir vorstellen, dass ich meinem Vater alles sagen kann? Der bricht das Projekt sofort ab, wenn das nicht hinhaut. Nein, nein, wir müssen da durch und wir schaffen das auch. Und wenn Othello nicht spurt, dann bekommt er es mit mir zu tun.

BIANCA
Wie das?

LODOVICA
Ich habe da schon so meine Möglichkeiten.

BIANCA
Welche?

Beide ab.

3. AKT   2. SZENE

```
          JAGO, OTHELLO, LODOVICA
        später BIANCA, DESDEMONA
```

Jago, Othello und Lodovica planen gerade für das Stück.
Jago isst einen Apfel.
Othello geht zwischen Lodovica und Jago auf und ab.

LODOVICA
Ab 15. haben wir den Theatersaal. Denkst du wir haben mit zwei Wochen Endproben genug?

OTHELLO
Ich denke schon.

JAGO
Wie kommt dir das vor?

OTHELLO
Was denn?

JAGO
Rummachen. Heimlich. Jetzt gerade.

LODOVICA
Probe jeweils ab 18 Uhr bis 22 Uhr.

OTHELLO
Bis 21 Uhr reicht. Länger haltet ihr es eh nicht aus.

LODOVICA
Sagt der Richtige.

JAGO
Wenn sie mein Tuch verschenkt hätte...

OTHELLO
Verloren, nicht verschenkt.

JAGO
Sie hat es ihm geschenkt, und nun kann sie es natürlich nicht vorzeigen.

OTHELLO
Das ist wahr.

LODOVICA
Othello, was ist los? Können wir weitermachen oder was hast du die ganze Zeit mit Jago zu besprechen?

OTHELLO
Lodovica, es ist alles okay.

LODOVICA
Ein Scheiß ist okay. Du hast jetzt Cassio genug leiden lassen, der Knabe bekommt wieder seine Rolle und damit hat sich das. Hast du verstanden?
Ich sag´s dir, ich ruf meinen Vater an und dann bekommst du sowas von Probleme, dass ich nicht in deiner Haut stecken möchte. Ist das klar?

OTHELLO
Passt. Wir machen planmäßig weiter. Das Projekt ziehen wir durch.

JAGO
Lodovica, wir sind keine Anfänger. Du bist ein organisatorisches Wunder, Gottseidank. Ich werde unseren Othello jetzt ein bisschen aufpäppeln, das passt schon.

Lodovica schaut beiden noch einmal fest in die Augen, dann geht sie ab.

JAGO
Er hat noch etwas gesagt.

OTHELLO
Cassio?

JAGO
Er ist bei ihr ... Ich weiß nicht, wie ich das sagen sollte...

OTHELLO
Was? Was?

JAGO
Gelegen.

OTHELLO
Bei ihr?

JAGO
Bei ihr, auf ihr, unter ihr, wie du willst. Hast ja eine lebhafte Phantasie.

Othello fällt rasend in Ohnmacht. Jago mustert ihn, beißt in seinen Apfel.

JAGO
Und das Gift breitet sich aus. Nichts leichter als Frauen in Verruf bringen. Du wirst dich umsehen, mich noch einmal zu enttäuschen. Othello! Aufwachen.

Jago tritt Othello in die Seite.
Cassio tritt auf.

CASSIO
Was gibt´s?

JAGO
Bereits sein zweiter Anfall.

CASSIO
Kann ich helfen?

JAGO
Lass ihn. Er wacht gleich auf. Aber mit dir muss ich nachher reden. Geh jetzt.

Othello erwacht.

OTHELLO
Hat er´s zugegeben?

JAGO
Du musst Geduld haben, wir sind ganz nahe am ultimativen Beweis. Komm hierher und versteck dich hier. Ich habe ihn herbestellt und ich werde ihn in ein Gespräch verwickeln. Schau auf seine Mimik, seine Gestik, seinen Spott und seinen Hohn.

OTHELLO
Ich bring ihn um.

JAGO
Noch nicht.

OTHELLO
Aber danach.

JAGO
Natürlich. Aber jetzt sei still.

Othello hinter dem Kleiderständer, der an der Bühne seitlich vorne steht.
Cassio tritt auf.

JAGO *zum Publikum*
Ich werde mit ihm über Bianca reden. Die läuft ihm die ganze Zeit nach und er nützt sie nur aus. Armes Ding. Wenn er von ihr hört, kann er gar nicht anders als zu lachen. –
Nun, Macbeth, wie geht´s?

CASSIO
Spott du nur. Ich will die ganze Sache endlich beendet haben.

JAGO
Halt dich an Desdemona, die schafft das. (*Leiser*) Mit Bianca würde es schneller gehen, was?

Cassio lacht laut heraus.

OTHELLO *zum Publikum*
Wie er lacht.

JAGO
Ich habe noch keine gesehen, die so verliebt ist.

CASSIO
Ja, sie liebt mich wirklich.

JAGO
Horch mal Cassio, sie sagt, du würdest jetzt fix mit ihr gehen.

CASSIO
Hahahahaha! Mit der? Der Schlampe?

OTHELLO
Knabe, du redest von meiner Desdemona. Ich schlitz dich auf.

JAGO
Ohne Scheiß jetzt. Ja oder nein?

CASSIO
Ach was, ich habe ein paarmal mit ihr herumgemacht und das war's auch schon. Und seitdem fällt sie mir die ganze Zeit um den Hals. Und schmust herum und fummelt.

Bianca tritt auf.
Tuch in der Hand.

BIANCA
Wieso hast du mir das Tuch gegeben? Blöd genug bin ich, dass ich es genommen habe. Behalt's doch selber, du Arsch. Hast es wohl von einer anderen bekommen, häh?

OTHELLO
Das ist mein Tuch!

CASSIO
Bianca, beruhig dich doch. Von mir aus gib´s mir wieder, aber schrei nicht so herum.

Bianca ab.

JAGO
Los, geh ihr nach und bring das in Ordnung.

CASSIO
Muss ich wohl, die gibt sonst keine Ruhe.

Cassio ab. Othello kommt nach vorn.

OTHELLO
Wie bring ich ihn um, Jago?

JAGO
Hast du gesehen, wie er gelacht hat?

OTHELLO
Ja, habe ich.

JAGO
War es das Tuch? War´s ihr Tuch?

OTHELLO
Es ist meins. Scheiße.

JAGO
Keinen Anstand, der Junge, Desdemona schenkt es ihm und er schenkt es an die Schlampe weiter. Das nenn ich Respekt.

OTHELLO
Ich bring sie um. Wie konnte ich mich so täuschen? Es gab doch keinen Anschein. Sie wirkte so ehrlich auf mich. So zart. So schade. Jago.

JAGO
Das kannst du vergessen. Willst du noch mehr Beweise? Okay. Gib ihr einen Freibrief, dann kann sie herumhuren mit wem sie will, wenn´s dich nicht interessiert. Dann geht´s keinen was an.

OTHELLO
Ich hack sie in Stücke.

JAGO
Ich bin kein Moralist, aber ich finde, sie hat dich betrogen, enttäuscht, hintergangen, dein Vertrauen missbraucht, dir untreu geworden.

OTHELLO
Mit meinem Freund.

JAGO
Mit einem Freund. Das schlägt dem Fass den Boden aus und übergipfelt den Gipfel. Deine Ehre ist ein Griff ins Klo. Richtig braune Scheiße.

OTHELLO
Ich bring sie noch diese Nacht um. Schaff mir Gift herbei.

JAGO
Weil jetzt die Apotheke offen hat. Es ist Wochenende. Erwürg sie mit deinen Händen. Ich sorg inzwischen dafür, dass Cassio stirbt.

OTHELLO
Gut, mach das.

Lodovica und Desdemona treten auf.

LODOVICA
Othello. Ich will jetzt eine Erklärung. Was wird hier gespielt? Cassio streitet mit Bianca herum, du streitest mit Cassio, Montano und Rodrigo hängen irgendwo herum. Was, verdammt noch mal soll das alles? Seid ihr alle verrückt geworden?

DESDEMONA
Othello, du versöhnst dich auf der Stelle mit Cassio. Ich habe die Schnauze auch voll. Du übertreibst langsam.

OTHELLO
Ach, glaubst du?

DESDEMONA
Cassio hat nichts verbrochen.

OTHELLO
Schweig, du Hure!

Othello schlägt sie. Allgemeiner Aufruhr.
Jago hält Othello zurück, Lodovica kümmert sich um Desdemona.

DESDEMONA
Das habe ich nicht verdient.

LODOVICA
Ich ruf meinen Vater an. Mir reicht's jetzt.

Lodovica zieht ihr Handy heraus. Othello befreit sich von Jago und hält Lodovica am Arm fest.

OTHELLO
Tu das nicht. Entschuldige. Bitte entschuldigt. Ich bin unbeherrscht. Nicht deinen Vater anrufen. Ich kläre alles. Lasst mir Zeit. Geht es dir gut? Ich weiß nicht, was mit mir los ist. Ich leg mich hin. Es wird alles gut.

Othello ab. Desdemona ihm nach.

LODOVICA
Jago, was sagst du? Ist das noch der Othello, wie wir ihn kennen?

JAGO
Er hat sich geändert. Augenscheinlich.

LODOVICA
Hat er den Verstand verloren?

JAGO
Er ist so wie er ist. Ich hoffte auch, er wäre anders. Jetzt ist er's halt nicht.

LODOVICA
Er hat sie geschlagen. So unbeherrscht war er doch sonst nie. Ich habe Angst.

JAGO
Nicht doch. Bei ihm ist das Theaterdonner. Laut, aber nichts dahinter. Es wird sich alles klären.

Lodovica umarmt Jago.
Er hält sie fest und grinst ins Publikum.

Beide ab.

Black. Musik.

4. AKT   1. SZENE

```
                              OTHELLO, EMILIA
    später DESDEMONA, JAGO, EMILIA, RODRIGO
```

OTHELLO
Und du hast nichts gesehen?

EMILIA
Da war nichts. Keine Geheimniskrämerei, kein Geflüster, nichts.

OTHELLO
Und sie hat dich auch nie weggeschickt. Was zu holen oder so.

EMILIA
Ich weiß ja nicht welchen Gespenstern du nachrennst, aber wenn es jemanden gibt, der sich in jeglicher Hinsicht nichts zu Schulden kommen hat lassen, dann ist es Desdemona. Punkt aus.

Desdemona kommt.

EMILIA
Ich lass euch mal.

Emilia ab.

DESDEMONA
Und?

OTHELLO

Magst du mich?

DESDEMONA
Ich dich schon. Aber du mich, da zweifle ich inzwischen.

OTHELLO
Du willst also sagen, dass du keine Schlampe bist.

DESDEMONA
Ich bin keine Schlampe.

OTHELLO
Du lügst. Du lügst wie gedruckt.

DESDEMONA
Othello, ich kenn dich nicht mehr. Ich habe keine Ahnung, was ich getan haben sollte. Wenn es mir nicht bewusst ist, dann sag mir, was ich getan habe.

OTHELLO
Keine Hure?

Desdemona verpasst ihm eine Ohrfeige. Er will zurückschlagen, besinnt sich aber und geht ab.

Jago und Emilia treten auf.

JAGO
Desdemona, alles okay?

Desdemona geht zu Emilia, umarmt sie und weint. Jago steht betroffen da. Emilia tröstet.

DESDEMONA

Jago, du kennst ihn. Rede mit ihm. Vielleicht sagt er dir, was ihn so stört. Ich liebe ihn, auch wenn er mich verstößt.

JAGO
Bitte beruhig dich. Es lässt sich alles klären. Vielleicht überfordert ihn die Regiearbeit mit uns und er lässt es an dir aus. Bisschen irrational ist es schon. Auf, Zuversicht ...

Rodrigo tritt auf.
Jago geht auf ihn zu und holt ihn nach vorn.

Desdemona und Emilia ab.

JAGO
Was ist?

RODRIGO
Ich ertrag das nicht länger. Du hast gesagt, du hilfst mir. Und was ist passiert? Nichts. Sie sieht mich nicht einmal.

JAGO
Hör mir zu.

RODRIGO
Ich habe dir lang genug zugehört. Deine Versprechen und dein Tun sind nicht gleichauf.

JAGO
Rodrigo, das ist ungerecht.

RODRIGO
Was ist mit den Geschenken, die ich dir gab für Desdemona? Was hat´s genutzt?

JAGO
Gut, nur weiter!

RODRIGO
Ich habe das Gefühl du nutzt mich nach Strich und Faden aus.

JAGO
Hast du fertig?

RODRIGO
Ja.

JAGO
Ich bewundere dein Ausmaß an Dummheit. Wen glaubst du müssen wir aus dem Weg schaffen, damit du Desdemona bekommst, hm?

RODRIGO
Othello? Sie ist doch seine Freundin.

JAGO
Nein, Dummkopf. Cassio ist das Problem. Othello ist nicht mehr aktuell. Du musst Cassio ausschalten.

RODRIGO
Wie ausschalten?

JAGO

Gift. Biet ihm einen Saft an, für Alkohol ist er ja zu schwach, wie wir schon erlebt haben. Verpass ihm einen Gifttrank, dass er Richtung Himmel schwebt. Der Weg wird frei für dich. Othello hat es sich mit Desdemona eh verscherzt. Sie liebt ihn nicht mehr. Und dann kommst du ins Spiel. Hier nimm das.

Jago gibt Rodrigo ein Fläschchen.

RODRIGO
Wo hast du das denn her?

JAGO
Geht dich nichts an. Hol dir einen Saft und schütte das ganze Fläschchen hinein. Nicht selber trinken. Komm später wieder, wenn Cassio da ist und gib ihm den Saft. Los ab.

Rodrigo ab.

JAGO
Stirbt Cassio ist es gut. Stirbt Rodrigo auch wäre es noch besser. Beide müssten sich gegenseitig umbringen, das wäre ideal.

Jago zieht noch ein Fläschchen heraus. Er versteckt es wieder schnell. Othello, Lodovica, Bianca, Montano, Cassio, Emilia und Desdemona treten auf.

4. AKT   2. SZENE

JAGO, OTHELLO, DESDEMONA, LODOVICA, CASSIO,
BIANCA, MONTANO, EMILIA
später RODRIGO

OTHELLO
Sind alle da? Ich muss was sagen. Wo ist Rodrigo?

JAGO
Kommt gleich. Bringt Getränke. Fang an. Ich berichte ihm.

OTHELLO
Liebe Freunde, ich muss zugeben, dass mich die Arbeit mit euch ein bisschen aus der Spur geworfen hat. Dafür möchte ich mich entschuldigen.
Cassio, mein Freund, du spielst wieder Macbeth, Desdemona, bitte entschuldige meine Unbeherrschtheit, lass uns das alles vergessen.
Lodovica, wir werden im Zeitplan bleiben.

LODOVICA
Das will ich aber schwer hoffen.

CASSIO
Gut, ich möchte mich auch vor allem bei Montano und Bianca entschuldigen. Es tut mir leid.

BIANCA
Ausnahmsweise akzeptiere ich deine Entschuldigung.

MONTANO
Was ist der Unterschied zwischen einer Blondine und einem Kühlschrank? Der Kühlschrank ist ein Dingsbums und die Blondine ein Bumsding.

Allgemeines Gelächter. Rodrigo kommt mit Getränken herein. Verteilt sie an die anderen.

OTHELLO
So, Leute, ich brauch jetzt Bianca, Montano, Desdemona, Lodovica und Emilia für die nächsten Szenen. Der Rest wartet hier.

Sie gehen ab.
Rodrigo geht nach vorn und schüttet das Gift in Cassios Glas. Jago steht auf der anderen Seite der Bühne und schüttet das Gift in Rodrigos Glas, beobachtet dabei Rodrigo. Cassio studiert inzwischen seinen Text und sieht nicht, was die anderen beiden tun.

RODRIGO
Cassio, das wird eine lange Probennacht heute. Hier.

CASSIO
Oh, danke. Sehr freundlich.

Rodrigo nimmt einen tiefen Schluck. Jago geht zu Rodrigo und drückt ihm ebenfalls ein Getränk in die Hand.

JAGO
Prost, mein Freund. Auf dass unsere Pläne gelingen mögen.

Beide trinken.
Rodrigo grinst und schaut gebannt auf Cassio, der sich wieder seinem Text widmet.

RODRIGO *leise zu Jago*
Wirkt es schnell?

JAGO
Geduld ist eine Tugend, Rodrigo.

Lodovica tritt auf.

LODOVICA
Ich brauch euch auf der Bühne, Leute. Wir müssen die Choreo probieren. Othello macht kurz Pause und dann geht´s weiter.

Alle ab.

5. AKT   1. SZENE

                             OTHELLO, DESDEMONA
                                  später EMILIA

Othello und Desdemona treten auf.

OTHELLO
Setz dich.

DESDEMONA
Wer bist du, Othello?

OTHELLO
Sei still.

DESDEMONA
Ich bin still, doch was willst du?

OTHELLO
Das Tuch, das ich dir geschenkt habe. Du hast es Cassio gegeben.

DESDEMONA
Nein, habe ich nicht. Ruf ihn und frag ihn.

OTHELLO
Keinen Meineid. Du lebst gefährlich.

DESDEMONA
Du willst mir was antun?

OTHELLO

Du bist am Sterben.

DESDEMONA
Ich habe dich niemals beleidigt, habe Cassio nie geliebt, als auf eine freundschaftliche Art und ich gab ihm nie das Tuch.

OTHELLO
Ich habe das Tuch in seinen Händen gesehen. Ich habe es gesehen. Du lügst.

DESDEMONA
So hat er´s gefunden. Ruf ihn her, damit er bezeugen kann, wie es ist.

OTHELLO
Er hat es zugegeben.

DESDEMONA
Was denn?

OTHELLO
Dass du ihn liebst.

DESDEMONA
Das kann er nicht sagen.

OTHELLO
Das wird er auch nicht mehr. Er stirbt.

DESDEMONA
Wieso soll er sterben? Sag mal, geht´s noch?

OTHELLO
Du weinst um ihn vor meinen Augen? Du weinst? Du Schlampe!

DESDEMONA
Nein.

Othello packt Desdemona und würgt sie.
Sie sinkt zu Boden. Stirbt.
Er starrt sie an, packt sie und zieht sie hinter den Kleiderständer.
Othello irrt herum, packt seine Gitarre, beginnt zu spielen.

5. AKT   2. SZENE

OTHELLO, EMILIA
SPÄTER MONTANO, JAGO

Emilia tritt auf.

EMILIA
Wo ist Desdemona?

OTHELLO
Weiß nicht.

EMILIA
Sie war doch mit dir da. Draußen habe ich sie nicht gesehen. Wo ist sie?

OTHELLO
Vielleicht weg?

EMILIA
Othello, was ist mit dir? Fehlt dir was?

Sie entdeckt die leblose Desdemona hinterm Kleiderständer.

EMILIA
Desdemona!!!!!!

Emilia zieht Desdemona heraus.
Sie ist tot.

EMILIA
Wer war das? Othello, sie lebt nicht mehr.

OTHELLO
Oje. Ich war´s nicht.

EMILIA
Othello, das warst du. Spinnst du?

OTHELLO
Sie war falsch. Sie hat gelogen. Sie hat mich hintergangen. Frag Jago. Cassio hat sie verführt und sie hat bereitwillig mitgemacht. Und mich hat sie angelogen.

EMILIA
Jago?

OTHELLO
Jago weiß alles. Er hat mich gewarnt. Er ist ein Ehrenmann.

EMILIA
Jago? Jago?

OTHELLO
Genau. Er hat mir handfeste Beweise geboten.

EMILIA
Aber der lügt doch wie gedruckt.

Montano und Jago treten auf.

EMILIA
Othello hat Desdemona umgebracht.

MONTANO

Ist ihr schlecht?

EMILIA
Jago? Othello sagt, dass du ihm erzähltest, Desdemona sei falsch. Ich weiß, das hast du nicht. Sag mir, dass es nicht wahr ist.

JAGO
Ich habe ihm nicht mehr oder weniger gesagt, was er nicht auch selbst glaubte.

EMILIA
Hast du gesagt, sie sei nicht treu?

JAGO
Ja, das habe ich.

EMILIA
Das ist eine Lüge. Sie soll etwas mit Cassio gehabt haben? Mit Cassio?

JAGO
Emilia, sei still.

EMILIA
Er hat sie umgebracht, Jago. Verstehst du das? Sie ist tot.

MONTANO
Wollt ihr mich verarschen?

EMILIA
Du, Jago. Du hast das alles angezettelt.
Oh, jetzt versteh ich. Das mit dem Tuch. Du hast mir das Tuch abgenommen und ihm untergeschoben.

JAGO
Emilia, halt's Maul, sag ich.

EMILIA
Othello, dein Tuch habe ich gefunden und er hat es mir genommen. Verstehst du? Jago hat dich betrogen. Er hat mir gesagt, er wolle Desdemona eine Überraschung machen.

OTHELLO
Stimmt das, Jago?

Irreale Situation.
Flackerndes Licht, heftige Musik, Zeitlupe.

Jago holt einen Dolch aus der Kiste, sticht Emilia nieder.

Othello wirft sich auf Desdemona und schüttelt sie, nimmt aus der Kiste einen zweiten Dolch und ersticht sich selbst.

Montano versucht, Jago festzuhalten, wird aber mit einem Kinnhaken zu Boden gestreckt. Jago ersticht Montano.

Cassio und Rodrigo kommen herein und versperren Jago den Weg.

Jago dreht um, Cassio und Rodrigo sterben am Gift.

Lichtwechsel.

Jago nimmt Wasser und benetzt sich die Augen.

5. AKT   3. SZENE

```
JAGO, BIANCA, LODOVICA
```

Bianca und Lodovica treten auf.

LODOVICA
Jago? Was ist da los? Wieso liegen alle auf dem Boden herum?

Jago weint.

JAGO
Das kann ich euch sagen. Cassio hier hat mit Desdemona rumgemacht und Othello hat sie erwischt.
Zuerst hat er Desdemona erwürgt, Cassio erstochen, dann Rodrigo und Emilia.
Er war in einem Blutrausch.
Schlussendlich hat er sich selbst gerichtet.
Ich wusste gar nicht, dass Othello zu so etwas fähig wäre.
Ich bin erschüttert. Lodovica, was ist mit uns los?

BIANCA
Was? Alle tot? Cassio auch? Das ist ja ein Gemetzel. Was tun wir denn jetzt?

JAGO
Ein ganz schwerer Verlust. Wir waren doch alles Freunde.

LODOVICA

Ich muss meinen Vater anrufen. Das ist doch irreal.

JAGO
Irreal ist, wie man sich so in einem Menschen täuschen kann.

Jago geht zur Requisitenkiste und holt den Revolver heraus.

LODOVICA
Alle tot?

JAGO
Noch nicht. Ich denke, ihr zwei fehlt noch.

Jago erschießt sie beide.
Er nimmt die Pistole putzt sie ab und drückt sie Othello in die Hand.

EPILOG

JAGO

JAGO *zum Publikum*
Schaut mich nicht so an.
Ich habe euch gewarnt, dass er es büßen würde.
Und er hat selbst gesagt, dass bei Shakespeare am Ende alle sterben werden.

Black.

Vorhang.

www.ingramcontent.com/pod-product-compliance
Lightning Source LLC
Chambersburg PA
CBHW030450220526
45464CB00006B/2478